낙타의 눈

—山과 함께한 四季, 그리고

김용균金龍均 시인은 전북 익산에서 태어나, 남성중·고와 서울법대를 졸업하고, 사법시험에 합격한 후, 공군법무관을 거쳐 판사로서 한 길을 걸었다. 서울행정법원장을 끝으로 30여 년 간의 공직생활을 마감하고, 지금은 〈법무법인 바른〉에서 변호사로 활동하고 있다. 5년 전부터 전국의 불우한 이웃들을 상대로 '사랑의 연탄 나눔' 운동을 펼치는 봉사단체인 〈연탄은행〉의 홍보대사로 일해오고 있다. 호는 如山이고, 저서로는 '숲길에서 부친 편지'(서간집), '소중한 인연'(독서노트)이 있다.

리토피아시인선 · 65

낙타의 눈

—山과 함께한 四季, 그리고

인쇄 2014. 3. 20 발행 2014. 3. 25
지은이 김용균 펴낸이 정기옥
펴낸곳 리토피아
출판등록 2006. 6. 15. 제2006-12호
주소 402-013 인천 남구 경인로 77 (2층)
전화 032-883-5356 전송032-891-5356
홈페이지 www.litopia21.com 전자우편 litopia@hanmail.net

ISBN-978-89-6412-038-5 03810

값 10,000원

「이 도서의 국립중앙도서관 출판시도서목록(CIP)은 서지정보유통지원시스템 홈페이지(http://seoji.nl.go.kr)와 국가자료공동목록시스템(http://www.nl.go.kr/kolisnet)에서 이용하실 수 있습니다.(CIP제어번호: CIP2014007737)」

김용균 시집

낙타의 눈

—山과 함께한 四季, 그리고

리토피아
LITERATURE & UTOPIA

머릿시

시를 쓴다는 것은

시를 쓴다는 것은
지친 발걸음에 흥겨운 장단을 맞춰보는 일이다.
굳어진 생각들을 상상 속으로 떠나보내는 일이다.
늘 불화했던 이 세상에게 연애를 걸어보는 일이다.
가장 낮은 곳에 한 자연自然이 서서 저 높은 자연을 우러르는
일이다.

내가 시를 쓴다는 것은,
이 모든 일들이 두려워서 짐짓 안 그런 척 딴청을 부려보는
일이다.

2014년 3월
김용균

차례

제2부 여름

제3부 가을

제4부 겨울

제1부 봄

입춘立春

차마 더 견딜 수 없는 고통의 춤일랑 거두고,
거친 바람 앞에 신들린 나무들이
하나 둘씩 소신공양하듯,
절멸絶滅의 불꽃으로 사위어가는 순간 속에도
가지 끝에 매달린 겨울눈마다
억겁의 침묵으로 기도하는 눈부신 고요.
바람은 끝내 마음이 반해서
때 이른 봄소식을 전해 주었다.
꿈이 움튼다.

대모산大母山

태초에 하늘이 열리던 날
가장 먼저 햇볕이 들고 바람이 불어온 듯싶은,
그저 순박한 서울땅의 남녘 어귀쯤에서
우리는 처음 만났다.
나는 단번에 너에게 마음을 빼앗겼고,
너는 아늑한 품을 주저 없이 내게 열어주었다.

그리고 운명처럼 함께 지나온 수많은 날들
곁에 두고도 늘 그리워 찾고
시도 때도 없이 설레어 끌어안았던,
뜨거운 입김,
그윽한 향기,
고즈넉한 속삭임.

너는 나의 유혹 속에
나무와 꽃과 새들과 한데 어울려
날마다 새롭게 태어났고,
나는 너로 인하여 지친 영혼을 깨우고
세상을 사랑하는 법과

세상을 사랑해야 하는 까닭을 배웠다.

오늘 또 네 앞에 서서 다짐하거늘,
어제도 없고 내일도 없고 항상 오늘이 있을 뿐
나는 매일같이 너와 더불어 오늘을 살지니,
죽음이 언제라도 우리를 갈라놓거들랑
내 식은 몸을 당장 너의 품에 누일 것이다, 영원히.

사람과 사람만이 인연이더냐.
사람과 사람만이 한 몸 되더냐.
대모산아!

어머니의 산

며칠 새 산이 또 그리워져 산그림자 따라서 들어갑니다.
산은 반갑게 나를 품안에 받아주고는 이내 잔잔해집니다.

잔설 덮인 바위틈 사이로 물소리에 가만히 귀 기울입니다.
산은 차마 끊어질 듯한 우주의 숨소리를 내게 들려줍니다.

갑자기 적막이 두려워 발걸음을 멈추고 두리번거립니다.
생명의 몸짓인양 나뭇잎들 뒤척이며 산이 떨고 있습니다.

싱그러운 바람결이 가리킨 대로 흙 한 줌을 손에 쥐어봅니다.
산은 아직도 가슴이 저미도록 은은한 향기를 품고 있습니다.

산마루에 서서 두 손 모으고 석양이 지는 하늘을 우러릅니다.
노을빛에 마지막 사랑을 불태우며 산이 붉게 물들어갑니다.

서둘러 산을 내려오다가 금세 다시 그리워져 뒤돌아봅니다.
땅거미 진 흐릿한 어둠 속에 늙은 어머니가 누워 계십니다.

무제無題

하늘과 바다가 처음 만나 수평선을 이루었다.
하늘도 바다도 끝없는 쪽빛이다.
하늘의 설레임이 바다를 물들였는가.
바다의 수줍음이 하늘로 번졌는가.
이보다 더 뜨거운 포옹이 세상에 또 있으랴.

수선화

수선화가 피었다.
눈 녹고 어둠이 걷힌 땅 위로
숨죽이듯 사위가 고요한 시간을 택해
아득한 꿈길 헤매던
가녀린 꽃줄기,
떨리는 손으로 금빛 초롱문을 열고
기다림 속에 꽃을 피웠다.

한겨울 밤은 온통 바람소리뿐
시간마저 얼어붙는 모질게 긴 고통의 밤을
천길 침묵 속에 오롯이 견디었는가.
쨍한 하늘에 떨기떨기 핏기 잃은 별들이
수많은 밤을 새우며 기도하였고,
새벽이 밝기도 전에 텃새들은 산을 내려와
가난한 노래를 불렀으리라.

기다림은,
오래 참는 것이다.
온몸으로 간구하는 것이다.

꿈을 키우는 것이다.

수선화가 기다림 속에 꽃을 피웠다.
기다림이 마침내 꽃을 피웠다.

곡선의 힘

넓은 들녘에 아우성치는 거친 바람을
구불구불 언덕길이 에워싸고 다독거린다.

허기지고 목마름에 타는 나무들은
굽이굽이 산 능선을 바라보며 자라고,

실없는 기척에도 흔들리는 여린 물결은
휘감은 강둑에 안겨 먼 바다에 이른다.

어둠 속에 아픈 별들이 빛나는 것은
빙 두른 하늘의 원심圓心에게 위로받은 때문.

쓰다듬고 어루만지는 곡선의 힘.

개구리의 봄

아직 경칩驚蟄도 며칠이나 더 남았는데
늙은 개구리 한 마리 혼자 세상 밖으로 나섰다.

추위에 시리고 허기에 지쳐
지난겨울 쇠약한 몸 유난히 어둔해지고,
아랫마을 불도저 성난 소리에 쫓겨
모두들 새가슴만 앓고 있으나,

그래도 세상소식 궁금하여
타박타박 걸어가는 등 뒤로
가뭇한 봄빛.

찬바람 뚫고 쌩쌩히 자란 싯푸른 봄동 잎에
푸르뎅한 몸뚱이를 슬며시 대어보고,

하늘을 쏘는 새 한 마리 물끄러미 바라보다가
두 다리 쭉 펴고 힘껏 점프해보는,

세상사는 맛 그런대로
청청淸淸하렷다.

노거수老巨樹 아래에서

하늘을 향해 기도하고
대지의 무량한 축복에 감사하며,
욕심 없이 살아온 순한 세월이
굵은 둥치를 키워냈으리.

누구에게도 기대지 않고,
아무 것도 탓하지 않고,
혼잣힘으로 견뎌낸 모진 바람에
가지마다 곱게 휘였으리.

그 세월과 바람들이
나무를 저만치 우러르게 가꾸었으리.

사람이 어찌 나무와 꼭 같을까만,
지내온 세월과 바람이 그대로 기품氣品이 된다면,
저 늙은 나무처럼.

봄이 온다

성급한 매화 꽃망울에 싱그러운 기운 감돌고
새싹들 곱은 손마다 엄마 젖내음이 배였다.
들녘 바람결에 실려온 그리운 고향의 향내,
저 고요한 향기를 들으라.

얼음장 밑을 지나 돌틈 사이로 시냇물 바삐 흐르고
온종일 설레어 지절대는 새들이 짝을 찾는다.
아지랑이 춤 속에 어우러진 먼 유년의 노래,
저 눈부신 소리를 보아라.

저기 봄이 온다.
꿈꾸듯 봄이 온다.

개화開花

시방 막 한 송이 꽃이 피어나듯
세상은 그렇게 바라볼 일이다.

무성한 별빛 아래 신비한 밤이 농몽해지면
놀란 산벚꽃 떨리는 가슴으로 숨을 죽이듯,

고샅길 담장 사이로 들뜬 동심들이 떼지어가고
해바라기 덩달아 뒤좇으며 환한 웃음 짓듯,

갈대잎 스치는 바람결에 강둑 너머 임 오시나
들국화 그리운 설레임으로 꼿발 세우듯,

온통 화려한 탐욕에 제빛을 잃고 눈이 멀어도
길섶의 풀꽃 얌전히 앉아 한 점 향기라도 보태듯,

시방 막 한 송이 꽃이 피어나듯
세상은 그렇게 바라볼 일이다.

축복

봄이 오지 않는다면,
새봄을 맞은 앞산에 진달래꽃을 피우지 않았다면,

어둠을 뚫고 새벽이 밝지 않는다면,
새벽을 기도하며 거친 들판을 달려온 초인이 없었다면,

내 몸에 더운 피가 흐르지 않는다면,
그 피를 끓게 한 그대 사랑노래가 내게 없었다면,

좌절의 별에 마지막 희망이 찾지 않는다면,
희망을 담은 판도라 상자*를 성난 신이 거두어갔다면,

이대로도 기적 같은 축복이다.

* 그리스 신화 속의 제우스Zeus신이 최초의 인류여성 판도라Pandora를 창조하고 그 여인을 통해 인간을 벌하려고 내려준 선물상자.

들꽃 · 1

불국사 가는 길가에 이름 모를 들꽃 한 송이가 피었다.
깨알 같은 네 생명의 비밀을 묻는다.
우주만 한 사랑이라고?
합장合掌.

들꽃 · 2

실바람도 조심스레 비켜갈 것처럼
가녀린 들꽃들이 오밀조밀 강둑에 앉은 채로
떨기마다 피워내는 형형炯炯한 꽃송이들,
그 숨죽인 모습 앞에 둘러서서
우리 함께 손뼉이라도 칠 양이면,
꽃들도 우리를 보곤 화들짝 몸을 흔들어댄다.
아마도 저들만큼 고운 꽃송이인 듯 보였으리라.
그래서 바람결에 풋풋한 향기로 자꾸 말을 걸어오고
끝내는 마음이 달아 꽃잎마저 떨구고 말리라.

우리끼리만 서로를 모를 뿐이다.
저마다 탐스런 꽃망울 터뜨리는 놀라운 신비경에도
모두들 본체만체 눈 먼 듯이 살 뿐이다.

산수유 필 무렵

나는 이런 봄을 몇 번이나 더 누릴 것인가.

상념에 젖어 고개 마루에 핀 샛노란 산수유 꽃을 만나러 대모산을 오르다가 유난히 봄을 잘 타던 형의 부음을 전해 들었다. 꽃바람처럼. 오오 신이여, 그에게 고작 예순 댓 번의 봄만 허락하신 까닭은 그의 봄이 너무 눈부신 때문인가요. 막 피어난 산수유 꽃향기에 실려온 망자의 넋이 흔들거리며 앞장을 선다. 낯선 새 몇 마리도 울음소리 거두고 따라나서는 봄날이 찰나에 빛난다. 그러나 소생하는 봄은 금세 지나고 꽃들도 이내 지고 말리라. 한갓 덧없는 삶이거늘 죽음마저 초연하여 향긋한 산길처럼 아픈 마음 떨치고 걸어가자. 시작도 끝도 없는 억겁의 시공 속으로 지치도록 걸어가자. 아직 오지 않은 봄은 나의 봄이 아니고, 천하의 꽃도 내 사랑이 식고나면 이미 꽃이 아니다. 봄빛 속으로 떠난 그대여, 산수유 꽃으로 피어난 사랑이여, 내가 가고 망자도 가고 봄날이 가고 꽃들도 간다. 어화 아름다운 것들아. 내 사랑하는 모든 것들아.

나는 이 봄을 얼마나 더 간절히 사랑할 것인가.

진달래꽃

아직 새싹들도 눈뜨지 않은 이른 봄날
산허리에 옹기종기 모여 있는 진달래 몇 그루,
여린 나뭇가지 위에
눈 시리게 고운 넋들이
바람타고 날아와 앉았다.
세상을 버린, 꽃 하나
세상의 버림을 받은, 꽃 둘
그보다 더 춥고 쓸쓸했던, 꽃 셋, 넷, 다섯,
한 맺힌 생애마다 처연하게 빛나는 꽃들이여.
가슴 저미도록 아픈 눈물 삼키고
쨍한 사랑노래 목 놓아 부르며
한데 어울려 너울너울 흔들리는 어깨춤사위,
내 무거운 몸을 빠져나온
나비 한 마리가
그 속으로 사뿐히 날아들었다.

김치 맛보기

병 끝에 몸도 부실한
아내가 밤늦게 혼자
김치를 담갔다.

내가 대신 맛을 보았다.
꿈속에서,

김치 맛, 참 상큼하다.

아내

그대가 꿈꾸듯 내 곁에 다가왔을 때
설레는 햇살에 홀연 눈이 부시어
요행히 내 갈망으로 눈 먼 사랑이 점지했네.

한길로 함께 나선 총총 걸음,
맞바람만 핑계대고 아예 눈길을 거두었네.
그저 아무 말 없이 내 뒤를 쫓는
그대의 복종이 사랑인 줄로만 알았네.

어느새 아스라이 지나온 꿈길,
모진 바람에 수도 없이 쓰러진 뒤에사
내 눈길이 비로소 그대를 찾았네.
얼핏 눈가의 잔주름이 가슴 치는 사랑이었네.

노을이 활활 타오르는 황혼녘에나
내 눈길이 그대에게 온전히 닿을 때쯤이면,
사랑에 겨운 진달래꽃도 앞산에 흐드러지리.

동심초同心草

이젠 잡초라고 부르지 말아요.
이름을 모를 뿐이지 세상에 이름 없는 풀이 어디 있나요.
제 이름 두고 잡초라고 부르면 너무 야속치 않은가요.
범의 귀, 꿩의 다리, 부처손, 처녀치마, 며느리밥풀, 노랑하늘매발톱, 누운 구름꽃, 거북꼬리 은방울꽃, 개소시랑개비…….
저들도 이렇게 고운 이름으로 불리고 싶지 않겠어요.
봄이면 언 땅을 뚫고 새싹 내밀고 저마다 향기로운 꽃을 피우니
이름난 풀들과 무엇이 다른가요.
온종일 저만치 외롭게 앉아있다가도
다가가 어루만지면 그때사 말없이 더 푸르러지는
그저 이름 모르는 풀들이지만,
간절한 사랑을 기다리고 그리워하며 사는 건
우리나 저들이나 모두 똑같은 마음일 거예요.
다시는 행여 잡초라고 부르지 말아요.
아무래도 이름 모르겠거든 가만히 동심초라고 불러보세요.

진도珍島 노부부

한쪽 팔만 남은 할아버지
온종일 바다에 나가 톳을 걷고,
허리 굽은 노구 땅바닥에 끌며
할머니 남새밭을 돌고 돌아서,
단란하게 마주앉은 저녁밥상.
당신 고생한 덕에 내 입이 호강하네.
톳나물밥 몇 술에 꿈꾸듯 넘어가는
섬마을 높은 보릿고개여!

사진 한 장

앙상한 뼈와 마른 살가죽뿐인, 아무 죄 없는 얼굴에 두 눈만 때꾼히 깜박거리는, 기껏 예닐곱 살이나 먹어 뵈는 아프리카 소년의 굶주린 사진 한 장.

아침 밥상머리에서 조간신문을 들추다가 대번 마음에 각인되어, 공연히 찰기 도는 밥알을 깨작거리고,

한참이 지나도록 소년이 보채는 소리가 우련히 들리는 듯, 몇 번이나 목구멍만 싸해졌거니와,

불쑥 애먼 지도에서 찾아낸 반도半島에는, 그만치나 가여운 배고픔이 떼를 지을 생각에 울컥하기도 했다만,

날이 채 저물기도 전에, 아무렇지 않게 허겁지겁 배를 채우곤 기름진 차향茶香 위로 떠오른 대박의 환상에나 젖어, 나른히 잠들고 마는 망각 속의 집.

봄비

신비한 세상
두리번거리는 새싹들
놀래지 않게,
머리 맑아지게
보슬보슬.

재 넘어 봄나들이
설레는 산새들,
옷 젖을까
기분 상할까
소록소록.

목련꽃 터지는 밤
그리운 내 마음,
얼르고 달래주나
다독거려주나
도닥도닥.

산새

산새들이 요란하게 지저귀네요.
아마 내게 말을 거는 듯한데
무슨 말인지 통 모르겠어요.
이쁜 꽃무리 있는 곳 가리켜 준대나?
아랫마을 불도저 소리 막아 달래나?
도대체 무슨 말인지 답답해서
아예 들을 대꾸도 않고 무심히 바라보자니,
산새들이 오히려 더 답답한가 봐요.
그래서 더 큰 소리로 지절대나 봐요.
어떻게 좀 알아들을 방도가 없을까요?
가만, 좋은 수가 떠오르네요.
내가 숫제 산새가 되어보는 거예요.
마음 텅 비우고 온몸을 깃털처럼 가벼이
자유의 날개를 달고 훠어이 훠어이,
저 높은 하늘을 날아간다고 상상하는 거예요.
자유가 얼마나 고마운지 뭉클해지고
자유가 자연이고, 자주고, 자족이라고 느낄 쯤이면,
혹시 산새들 이야기가 들릴지 몰라요.
그런데 정말 그럴까 싶다고요?
아무렴 어때요. 상상도 내 자유인 걸요.

꽃비

—장모님 4주기에 부치는 헌시

오늘처럼 꽃비 내리던 날 당신은 떠나셨습니다.
꽃이 좋아 꽃잎 뚝뚝 지는 날까지 기다리다가
꽃망울처럼 환한 웃음 총총히 데리고 떠났습니다.
당신은 평생을 내게 아낌없이 주기만 하고
나는 넘치도록 받는데도 늘 모자랐습니다.
꽃비 맞으며 당신이 훌훌 떠나버린 뒤에야
사랑이 받은 만큼 아픈 것인 줄 알았습니다.
꽃향기 함초롬히 번지는 눈부신 봄날입니다.

당신이 가신 꽃비 내리던 그 길을 걸어갑니다.
바람에 지는 꽃잎들 고운 자태로 나부끼고
나란히 걷던 추억들이 꽃잎 따라 맴을 돕니다.
탄식의 눈물 거두고 당신을 영영 보냈는데
내 마음엔 아직도 꽃그림자 붉게 남았습니다.
당신이 꽃비 속으로 떠나고 한참이 흐른 뒤에야
죽음은 이별이 아닌 새로운 만남인 걸 알았습니다.
당신과 도란도란 걷고 싶은 아득한 꿈길입니다.

동백인생冬柏人生

—제주도 동백 정원Camellia Hill을 일구신 임에게

한평생 동백만을 지극히 사랑하다가
몸도 마음도 정녕 동백이 되었으리.

한라산 기슭 너른 들에 동백 가꾸며
세상 명리 초연한 동백 뜻을 기루었고,

꽃봉오리 동백처럼 열렬히 갈망하고
꽃잎 지는 동백처럼 삼가 절제했나니.

섬을 흔드는 바람보다 굳센 동백인 듯,
파도를 닮아 늘 한결같은 동백인 듯,

동백숲 삼간초옥에 가난을 들여놓고
동백향에 취한 달무리와 밤새 노닐며,

흰 눈 위에 붉게 타는 동백꽃 순정이여,
수백 년을 푸르른 동백 같은 청춘이여.

동백 옆에서

차마 손댈 수 없는 부드러움에 함초롬 싱그럽게 푸른 잎새,
숨이 멎듯, 피가 멈추듯 붉은 입술로 피어난 꽃망울,
한 점 꾸밈없이 수줍은 양 소박하게 어울린 맵시며,
절대로, 절대로 흔들리지 않을 깊고 깊은 맹세의 뿌리며,
너는 평생을 초야의 신부처럼 오롯이 그렇게 서있구나.
스쳐가는 한낮의 유혹에 마음 붙들려 한껏 뒤설레는데,
동박새 한 마리가 일편단심 동백의 꿀만 탐하였다네.

금오도 동백

아무리 불러도 대답 없는 임이여.
파도소리 넘실대며 진종일 섬을 흔들어도,
지친 그리움에 애끓는 마음 초조하여
한여름 뙤약볕에 맨살을 드러내고 서있는가.

임은 끝내 돌아오지 않을지언정
먼 바다를 연모한 숲이 단풍으로 물드는데도,
절대로 변치 않을 굳센 마음을 맹세하여
여린 잎새마다 찬 서리 덮은 채로 푸르른가.

가난한 몸을 제단에 바쳐서라도
사랑 때문에 죽음마저 더 바람 없이 향기로운,
다시는 이별 없는 거룩한 환생을 기도하며
흰 눈 속에 선연한 핏빛으로 꽃피우는가.

못 다한 이승의 사랑이 안타까우랴.
울어 예는 바람 따라 임 가신 비렁길 위에,
기어이 돌아오리라는 기적 같은 예감이 들어
눈부신 봄날에도 꽃송이째 뚝뚝 떨어지는가.

우리집 단골 택배기사

우리 집에 단골 택배기사가 자주 들른다.
딸애는 달랑 책 한 권, 허접한 악세사리까지
손가락만 놀려 일일이 택배로 주문하고,
내게는 온갖 과분한 선물들이 넘쳐나니
분주히 드나드는 택배기사가 늘상 미안하다.
계단을 내려오다 접질린 다리를 끌고서도
건당 단돈 몇 백 원의 수수료가 고맙다는 듯,
설익은 컵라면으로 때운 점심에도 지치지 않고
그는 부지런히 웃음까지 함께 실어 나른다.
사람 좋은 그가 택배물건을 집안에 들고 오면
우리 집 고양이는 호위하듯 졸졸 그를 따르고,
하루 열댓 시간의 배달물량이 촌각을 다투는데도
그는 매번 주저앉아 고양이를 쓰다듬는다.
무심하게 바라보던 내가 속절없이 죄스러워
오늘 택배기사 손에 고양이를 들려 보냈다.
나는 불편한 안락을 또 이렇게 용인하였다.

어무니 노래

야아 질도 되게 복잡허고 거창히 바쁠 텐디, 먼 디까지 내려오게 고상시켜서 미안시럽고 그런디, 늬가 이렇게 노래까장 불러중게 좋아 죽겄다. 우리 아덜은 진짜 노래도 질로 잘 헌다. 여그 병원 사람들이 나한티 차꾸 노랠 시켜갖고 가사도 다 이저먹어뿐저 속상혔는디, 인자는 노래가 막 절로 나오고 거시기 기분이 겁나게 좋아징게, 내가 우리 아덜래미하고는 참말로 잘 맞지시푸다. 암만 그렇코 말고.

한 많은 대동강을 세 번 건느고, 비 내리는 고모령을 또 세 번 넘으니, 모가지도 컬컬허고 그러는디요. 어무니 맨날 병상에 누어만 기시는 게 너무나 애처럽긴 허지만, 어쩌케든지 삼천갑자 동방삭이 딩굴었다는 삼년 고갤 찾어가서 두어 번만 기연히 굴러서라도 쪼곰만 더 오래 사실 수 없능가요. 지가 종종 내려와 재밋는 노래 불러드릴 것잉게, 저도 어무니 노래 불르러 오는 길이 거시기 엄청 설레고 그러닝게요.

심화心花

봄비 내리는 고려산 능선길 따라
진달래들이 줄지어 섰네.
여윈 가지 끝에 매달려
숨죽이며 떨고 있는 꽃봉오리마다,
겨우내 갖은 고초를 견뎌낸
응진 사연들이 부풀어 오르고,
흙냄새 묻은 배냇향일까,
산새소리 농익은 속삭임일까,
빗물에 맺힌 탄식의 눈물일까,
몽환처럼 흔들리는 발자국 사이로
거친 세월의 그림자가 언뜻 깊었네.
꽃이 핀 내력이야 숫제 모르거니와
온 산이 취한 향기조차 듣지 못하고
꽃술끼리 부딪고 너부러지는 양도 못 본 채,
지친 고개를 넘는 바람같이
굽이굽이 예까지 흘러왔으나,
진달래가 후드득 빗소리에 놀라
꽃망울부터 터뜨리듯
한 순간이었네.

잘못 든 길에서

산길을 걷다가 아차 싶은 순간에
길을 잘못 들었네.
갈 길은 묘연해지고
불안한 마음에 점점 지쳐가지만,
되돌아가는 길은 더욱 아득하였네.
잘못 든 길을 서두르며 자책하다가 언뜻
내가 이 길을 잘못 든 게 아니라,
이 길이 나를 좋다고 부른 것이 아닐까.
하고많은 사람들 중에 일부러 나를 끌었을지도 몰라.
마음을 고쳐 잡자마자
생전 처음 보는 귀한 꽃이며, 아름다운 새소리며,
늠름한 바위까지 나를 유혹하거니와
맑은 생각에 번득이는 느낌이 찾아들었네.
그렇구나,
행운은 실수로 잘못 든 길에서 만나는구나.
실수해도 나를 꾸짖지 않고 곱게 받들어야 하는구나.
나는 오늘 산길에서 행운을 얻었네.
그런데 이런 행운이 어찌 길 위에서만 얻어질 리야.

오랑캐꽃

허기만 남은 농갓집 빈 독을 긁으려고
보릿고개 넘어온 오랑캐를 닮았다는,
오랑캐꽃 무성히 핀 구룡산 능선 위에서
칡넝쿨처럼 산기슭에 엉겨 붙은 판잣집들,
그 안의 한숨소리 빤히 들릴 만한 곳에
무심하게 우뚝 늘어서있는 호화 아파트들을
아스라이 아지랭이 속에 바라보다가,
문득 오랑캐꽃이 미워져서 털썩 주저앉고는
배부른 배낭을 열고 오래된 구문을 꺼내 읽는데,
한평생 짓밟히고 버림받은 위안부 할머니가
아껴 모은 보상금을 통째로 기부했구나.
내가 어찌 오랑캐꽃을 미워할 것인가?

제2부 여름

해녀

그것은 물질이 아니라 차라리 목숨질이다.
샛바람은 근심 걱정처럼 쉬 잦아들지 않고
외로이 뜬 낮달 때문에 더 냉랭한 바닷물 속에,
아플 줄도 모르는 억척뿐인 노구를 자맥질하며
맨손으로 거둔 벌이 가슴 벅차 내뿜는 숨비소리.
지친 콧노래 따라 흐느적거리는 해초숲 사이로
자식들 고집만치나 꿈쩍 않는 전복을 헤치다가,
인어처럼 차오르는 수평선에 하루해가 저물어도
보일 듯 말 듯 평생을 바라본 이어도는 멀기만 하다.
춤추는 파도 위에 뜬 부푼 망사리 놓지 못하는,

산에 왜 가나요

산에는 왜 가나요.
누가 있길래요.

산에는 분명 신이 계셔요.
나무와 풀과 바위들이 어우러진 무질서의 질서며,
새와 물과 바람소리가 뒤섞인 부조화의 조화며,
작고 하찮은 생명들이 이루어낸 기적 같은 웅혼함이며,
이 모든 것들의 엄숙한 공존, 평화, 열락,
신이 아니면 어찌 이렇게 신비로울 수 있겠어요.

산에는 나 아닌 다른 내가 있어요.
철따라 천진하고, 호방하고, 담백하고, 또 초연하면서,
욕심 없이 넉넉하고 꾸밈없이 자유로운,
피고 지는 꽃처럼 설레임과 측은함에 무시로 흔들려도
나무들이 하늘을 떠받치듯 늘 제 몸 낮추어 기도하는,
나와는 영 딴판인 꿈속의 나를 만날 수 있어요.

산길을 걷다가 호젓한 어디쯤에서 마주칠 때면
마음에 잔잔히 물드는 고요, 이내

신은 산정山頂 위에 더욱 우러러지고
나는 미몽처럼 아득한 골짜기로 사라지나니,
그래서 산은 갈수록
높고 또 깊어지는가요.

빈집의 문패

하루해가 단숨에 넘어가던 유년의 고샅을 지나
지리한 시간이 황혼처럼 머문 동구 밖 외딴 곳에
동그마니 빈집을 지키는 나무기둥 위 문패 하나,
전북 완주군 봉동면 장기리 281번지 박기서.

뿔뿔이 집 떠난 자식들 걱정으로 마음 조리며
소작 얻은 논배미 뙈기밭과 한평생을 부대끼다가,
재 넘어 깊은 골에 고단한 주검을 뉘었을 것이나
끝내 정든 집 못 떠나는 쓸쓸한 위패인가.

내 새끼들 너희만큼은 나처럼 살아선 안 된다.
흙 좋아하면 지게 진 등짝에 굳은살만 키우느니,
사방천지 한탄뿐인 이곳에 절대 오지 말거라.
시퍼렇게 두 눈을 부릅뜨고 부르짖는가.

불효자요 못난 지아비에 가난만 물린 애비로되
하늘을 속이지 않고 땅에 빚지지 않은 생애여.
평당 기백만 원의 부동산 값에 허망하게 내쫓기고
탐욕만 키우는 야속한 세상을 원망하는가.

〉

장독대 옆에 모란 꽃송이 한낮을 피었다 지고
간밤엔 소쩍새도 찾아와 지치도록 울다갔는데,
영문 모르고 지나는 길손의 무심한 눈길 너머로
낮은 삶이 더 향기롭다는 우뚝 선 증표인가.

개구리 말참견

때이른 노후老後 셋이 뜨락에 성근 별빛 불러놓고
탁배기 술잔을 돌려가며 두런거리는 사이사이,
울안의 개구리들 끼어들어 말참견한다, 개굴개굴.

품안의 자식인데 언제까지 마음을 조릴 것인가.
바보처럼 매일 것 없다면서도, 한 순배도 못되어
자식들이 상전이요, 자식 걱정만이 태산이라니,
도무지 무슨 속인지 모르겠다고, 개굴개굴.

하루 세 끼 족하면서 악착같이 벌어 무엇하리.
제발 그만 돈 돈 하자더니, 금세 딴 사람인양
주식에, 부동산에, 온통 고민거리 돈 이야기뿐,
아무래도 뭐가 뭔지 헷갈린다고, 개굴개굴.

오래 산들 힘겨운 자식들에게 짐만 안 되겠냐고,
내 발로 걸을 때 가야지 하다간, 언제 그랬냐는 듯
벌써 몸이 부실해져 큰일이라고 엄살을 떠니,
정말 그 속을 알다가도 모르겠다고, 개굴개굴.

〉

속내를 알 수 없는 걱정들끼리 어깨 맞댄 여름밤,
구름 낀 하늘처럼 기력마저 점점 흐려가지만,
노닥노닥 늙어가는 모습 보기 좋다고, 개굴개굴.

한라산에서

가없는 바다 품에 안긴 산이라서,
가장 크지만 그리 큰 것 같지 않고
가장 높지만 그리 높아 뵈지 않고
가장 단단하지만 그리 단단히 집히지 않고
가장 춥지만 그리 추운 듯싶지도 않은,

가장 산다운 산.

그러나 누구든 그 품에 안기면,
가장 작아지고
가장 낮아지고
가장 부드러워지고
가장 마음 뜨거워지는,

가장 나를 나이게 하는 산.

바람

며칠 새 태풍이 휩쓸고 간 산길 위에
새 한 마리 비에 젖은 몸을 떨고 있다.
거친 바람에 나뭇가지 꺾이어 둥지를 잃고
초롱초롱 갓난 새끼들마저 추락했으리.
약속한 바람을 원망하며 진저리치다가
당장 치명적인 유혹에 마음 흔들렸으나,
누운 풀잎도 기어이 푸르름을 일으키는데
차마 부리를 맨땅에 박기는 부끄러웠으리.
죽음 같은 고통이 모진 생명을 벼리는가.
그 절망의 끝에서
새는 다시 허기진 몸을 바람에 싣고 날으리.
끝내 바람을 등지지 않고 살아야하는,
저 높은 바람이 곧 하늘인 것을.

모란

한 해를 살면서 누구에게나
삼백 예순 날의 목마름과 기다림이 있다.

대엿새씩이나 호사롭게 누리는
차마 주체할 수 없는 사랑을 위한,

순종順從

운한雲漢을 가로질러 어두운 밤하늘을 항해하면서도
달은 한 치만큼도 제 항로를 벗어나지 않습니다.

거친 비바람을 꿋꿋이 견뎌낸 숲속의 나무들이
푸른 손 반짝거리며 향일向日의 꿈을 뻗쳐갑니다.

갑자기 홍수에 불어난 강물이 둑을 넘을지라도
비 개이면 다시 먼 바다로 도도하게 흘러갑니다.

샛바람에 놀란 새들은 줄지어 수만리 길 날아가고,
들녘에는 유혹하던 꽃들이 가지런히 남았습니다.

내 아둔한 청춘들만이 이리저리 부딪고 거스르지만,
그도 머지않아 사랑이 순종임을 받아들일 것입니다.

뻐꾸기

뻐꾸기 우네.
뻐꾹뻐꾹.

뙤약볕 쨍한 산기슭에 맨몸으로 뒹굴던
내 유년幼年은 오래 지칠 줄 모르고,

아카시 향기에 취한 넝쿨수풀을 헤치며
첫사랑을 고백하듯 가슴은 고동치다.

찬바람 높이 부는 산마루에 곧추서서
못 이룬 꿈의 노래 표연히 불러보나,

하염없이 흔들거리며 내려오는 능선길
한탄뿐인 마음 끝내 가두지 못하고,

꽃잎 지는 소리에 산그림자 뒤돌아보면
저 멀리 들려오는 초혼招魂의 노래.

뻐꾸기 우네.
뻐꾹뻐꾹.

말치레라도

타박타박 혼자서 산길을 걷다가
유난히 무거운 발걸음과 마주쳤다.
비켜가던 내 의아심이 와락 나서며
친구, 몇 해만인가?

희끗해진 머리가 거뭇한 얼굴에 더 돋보이고
눈썹 밑에 수심愁心마저 살짝 걸친데다가,
처진 어깨 너머로 쓸쓸한 구름 얹은 듯
마음 짠하지만,

신수 좋아 보이네.
무슨 좋은 일 있나보네.
따라오던 흰나비가 날개를 접고
포르르 호들갑을 떤다, 좋을 까닭도 없이.

내가 친구에게 저리 비쳤을 것이다.
말치레라도 내가 위로받고 싶은 것이다.

새벽 산책

설레는 새벽,
아늑한 꿈속에서 숲이 깨어나고, 나는

푸른 잎새 위에 총총 스러지는 이슬방울들,
그 반짝이는 영롱함까지 죄다 모아서
주름진 얼굴일망정 곱게 씻고,

흐드러진 꽃들의 환한 웃음 번지듯
절로 마음이 화사해지는,
향긋한 꽃내음을 조심조심 받아내어
페로몬 향수처럼 온몸에 뿌리고 나서,

나뭇가지 사이로 아낌없이 쏟아지는
눈부신 햇살을 쑥쑥 잘라 엮어낸
금빛 망토 둘둘 어깨에 걸친다, 그리고

행복한 왕자처럼
도열한 나무들 보란 듯이 위풍당당 걸어가면,
내 뒤를 호위하며 줄지어 따르는

산새들의 취주吹奏소리
경쾌하구나.

숲속의 오후

폭염이 쏟아져 내린 숲속,
새들은 지쳐 죄다 졸고
온갖 기운이 홍수처럼 떠밀려간 자리.
축 늘어진 바위 위에 몸을 얹고서
멈춘 시계인 듯 하염없이
비탈에 선 나무들을 바라본다.

짙푸른 하늘의 순수純粹를 닮은
저 잎새처럼 푸를 수 없을까.
바람 부는 대로 흔들리는
저 가지처럼 자유로울 수 없을까.
나무들이 유난스레 반짝거릴 즈음,

조용히 눈감고 두 손 모은
나의 기도만큼 푸르러지고,
두 팔 벌리고 소리 높여 부르는
나의 노래만큼 자유로워지는,
숲속의 오후.

말복날 소풍가기

이제 그만 설레고 눈을 붙이자며
나를 다독거리는 밤,
한참을 뒤척이다 보면
다시 낯선 숲길을 홍에 겨워 걷다가
어느새 몽롱하게 새벽을 맞는,
굼뜬 환갑들끼리
왕년의 추억을 보란 듯이 싸들고,
훈제족발 복달임에 들떠
소풍가는 말복날.

독도獨島의 아침

섬 하나, 외롭다.
별빛마저 사윈 어두운 밤바다에
홀로 떠 있는 작은 섬,
그저 순박하고 가난한 죄로
수많은 쇠붙이의 압제와 수탈을
오직 맨몸으로 혼자서 감당해야 했던
한 맺힌 서러운 땅의,
그 깊은 외로움을 바라보며
섬이 홀로 어둠을 벼리고 있다.

섬은 알고 있으리.
모진 파도와 비바람이
섬을 뿌리째 흔들고 있지만,
정작 제 몸이 안으로 더 크게 떨고 있다는 것을.
오랜 시련의 땅이 거칠게 흔들리고 있으나
견딜 수 없는 외로움에 무너진 것이 아니고,
그 외로움이 키운 울분과 두려움 탓에
우는 것도 절대 아니고,
우리 모두 등 돌리고 서로를 미워한

아픔 때문이라는 것을.

섬이 설레고 있다.
동해바다에 붉은 햇살 길게 토하고
영기靈氣 새로 머금은 섬이
피 끓는 심장의 고동처럼
높은 파도 위로 출렁이는가?
이 세상의 모든 빗장을 열기 위해
가장 먼저 새아침을 맞는
동방의 나라, 축복 받은 땅.
우리 모두 그 땅에서 몸을 얻었고
또 언젠가 그 땅에다 몸을 묻으리니,
우리 함께 하나 되어 그 땅을 지켜내야 할
지엄한 숙명임을,
온몸을 사르듯이
뜨거운 태양을 설레는 가슴에 안고
섬은 외치고 있는가?

다산茶山 선생을 기리며

초당 사립문에 걸린 새벽 어스름을 밀치고
백련사 숲길 따라 임이 가시나.
달빛처럼 그리움은 사뭇 흐느적이고
별만큼이나 온갖 사념들이 총총하여
지난밤을 또 하얗게 새우셨으리.
세상과의 허망한 결별,
가족과의 서러운 별리別離,
열여덟 해 모진 세월의 귀양은
오직 처연한 고독일 뿐이니,
천일각에 서서 바라보는 구강포구에로
무심한 파도소리는 그칠 줄 모르고,
길 위에 떨어진 동백꽃잎 마다엔
붉은 피눈물이 선연히 맺혔으리.
그러나
차라리 죽음보다 더 아픈 고독을
온몸으로 참고 견디며,
아득한 절망의 나락 끝에서
잃었던 당신을 끝내 찾으신 임이여.
과거공부에 매이고

벼슬살이로 쫓기울 제
뜬 구름 같이 떠나보냈거늘,
천릿길 헤쳐 온 형극荊棘의 땅에서
운명처럼 다시 조우하고,
세상을 향한 원망과 한탄 모두 버린 채
홀로 있는 몸을 더욱 삼가며,
오직 뼈를 깎는 정진으로만
당신을 오롯이 지켜내신 임이여.
애절양哀絶陽*으로 읊은 피끓는 절규의 시詩며,
부란腐爛의 세상 구하려는 지혜의 서표書表며,
고단하고 몽매한 무지랭이들을 위한
한결같은 사랑의 기도였으리.
가마 메고 가는 고통에 눈감고
가마 타고 가는 안락만 누리고 살았던,*
그 고통을 더 많이 희생시켜
그 안락을 더 많이 탐하려했던
그악스런 목민자牧民者들에게,
백성이 나라의 근본이고
백성을 위한 길만이 하늘의 뜻이라고

천둥소리처럼 마음 울리셨으리.
시대의 어둠을 밝히고
민족의 영혼을 깨우신 선구자여.
임을 영명하게 낳은 것은 하늘이로되
임을 위대하게 만든 것은 곧 당신일리라.
오늘도 울연한 숲길에는
찻잎 향기 바람결에 고요히 흔들리고,
산새들 깃을 털며 적막을 쫓는 신새벽에
맨몸으로 먼 길 떠나려는
외로운 길손 하나,
무엇을 찾아 허둥지둥 서성이는가.

* 哀絶陽 : '스스로 거세한 사내를 슬퍼함'이란 제목으로 다산선생이 쓴 시로서, 죽은 사람과 어린애까지 군포를 징수하는 가혹한 현실에 대한 비판을 담고 있음.

*가마 메고~ : 다산선생의 시 '人知坐輿樂 不識肩輿歎'(사람들이 가마 타는 즐거움만 알고, 가마 메는 고통은 알지 못하네)에서 인용함.

어느 정경情景

산마루에 낮달 외로이 머물고
구름 한 점 하늘가로 표표히 사라진 오후,

길 가던 나그네 홀로
멀리 구름 끝 간 데 바라보며 문뜩 그리운가.
아직도 마음에 짠하니 떠있을
희미한 저 낮달의 눈물 같은,
옛 추억 하나.

오늘

오늘은 내 남은 생을 시작하는 처음인 하루,
부푼 가슴으로 살아가야 할
얼마나 설레는 환열歡悅인가.

오늘은 떠나간 생이 지극히 바란 마지막 하루,
애지중지 아끼고 살아야 하는
얼마나 고마운 은혜恩惠인가.

오늘은 첫날이고 마지막날인 하루,
한갓 스치는 찰나 속에서
어제도 없고 내일도 없이
언제나 오직 오늘을 살아갈 뿐이니,

마침내
오늘 하루를 간구懇求하는 기도만으로
인생은 영원을 사는 것이리.

밤꽃향기

밤꽃향기 앞산을 온통 휘감아 돌고나서
동그마니 나 홀로 서있는 길가에로 내려와
단번에 아둔한 내 몸마저 몽롱하게 흔들었나니,
환력還曆의 세월 지나며 먼 길을 지쳐 걸어온
외로움과 고단함이 실컷 취한 채로 어우러져,
늘어진 어깨춤이라도 한바탕 추어볼 양이면
저만치 흐릿하게 보일 듯한 낯선 두려움인가.
스치는 바람결에 절로 마음 사무쳐 불러보는
그대여, 기적 같은 나의 생은 다시 꿈에 취하고,
이대로 온몸이 굳어도 좋을 밤꽃향기 묻든 사랑.

소나무

나, 이제 한 그루 소나무이고 싶다.
보란 듯이 하늘로 곧추 뻗은 붉은 금강송도 아니고,
높은 바다 물결만치 억센 해송도 아니고,
해 저무는 들녘에 외로이 서서
노을빛에 잔잔히 물들어가는 소나무이고 싶다.

풍진 세월에 수없이 구부러진 가지에다
한갓된 욕심 덕지덕지 옹이를 이루고
고단했던 삶의 역정처럼 균열된 상처투성이지만,
굳이 감출 것도, 부끄러울 것도 없이,
그 모습 그대로 오뚝 서서
의연히 살고 싶다.

봄이 오면 얼핏 설레어 송홧가루 날리고
늦가을쯤엔 고운 단풍에도 한때 유혹되었으나,
먹구름 속에 천둥치고
세상을 삼킬 듯 폭우가 쏟고 눈보라쳐도,
푸른 하늘이 결코 변할 리 없는 이치를 깨달아
아예 희로애락에 눈감고 선 장승처럼

초연하게 살고 싶다.

꽃의 향기가 부러워 탐하랴.
열매의 달고씀을 애써 분별하랴.
잎새마다 푸르름을 다투고 뽐내랴.
그저 나지막한 언덕배기에 실팍하니 앉아
고요한 밤하늘에 떠오를 별 하나 기다리는,
그런 소나무로 늙고 싶다.

이타적利他的 사랑

흙 한 줌에 묻은 살아있는 느낌의 축복까지
산은 참 내게 많은 걸 베풀어 주었네.

나는 여태껏 보답할 생각은 꿈에도 않고
그저 날마다 산을 무던치 좋아만했네.

오늘 산길을 걷다 언뜻 미안한 마음이 걸려
늙은 나무 한 그루 고작 껴안아 보았네.

집에 돌아와 아내의 발베개에 몸을 눕히고
산에서 있은 일을 주절주절 늘어놓으니,

아내가 가만히 웃으며 쓰다듬어 주는 말,
좋아하는데 더 이상 뭘 바라겠어요.

내겐 집안에도 산이 또 있었네.

달맞이꽃

휘넓은 들녘에 떨기떨기 외로이 서서
어스름 달빛 푸른 강가로 내려오면
어둠을 사르듯 함초롬히 꽃을 피우고,
갈망과 체념, 분노와 탄식, 그리고
온갖 향기로운 유혹들이 한데 어우러져
아련한 밤안개 속에 지치도록 흔들리다가
실바람 따라 총총히 자리를 뜨는 새벽,
산마루를 넘는 달무리에 꽃이 지는가.
이제 나의 짧은 여름밤도 끝이 나리니
달의 행로를 좇으며 달맞이꽃 피고 지듯,
기적 같은 내 삶의 어두운 길목마다
이승에 달(月)이 되고 저승에도 달(月)이 되어
밤새워 비추는 높은 단심, 나의 벗(朋)이여.

용문사 은행나무

- 마의태자가 나라 잃은 설움을 안고 금강산으로 고행의 길을 떠나면서 불쌍한 백성의 안녕을 축원하고자 심었다는 용문사 은행나무가 1,200년을 자라서 둘레 15m, 높이 50m의 신령목神靈木이 되었다. 천왕목天王木* 이라는 아호도 얻고,

고려高麗로부터 코리아Korea까지
온전히 한 나라를 살아오는 동안,
열길 나무둥치가 잔가지를 이룬 것만큼이나
무량한 은총을 내리받아
당신 앞에 두 손 모으고 간구하였고,
먼 훗날 당신 앞에 엎드리게 될
대대손손이 한 몸으로 합일하는 것임을,
그 면면한 영혼의 결연結緣을
부르짖는가?

용문산의 정기가 내려 삼남의 광야를 호위하는
거대한 초인의 몸짓으로
당신이 딛고 선 땅과 두 팔 뻗은 하늘,
그 안에 온 만물이 한 몸으로 조응하는 것임을,

그 신비로운 우주의 조화를
보여주고 있는가?

내가 이 나라 안에 한 생을 이루는
수많은 선대와 후손들의 명예로운 핏줄임을,
내가 이 땅과 하늘 그리고 우주 속에
조화롭게 더불어야 할 거룩한 생명임을
깨우치려 하는가?

오늘 은행나무 앞에 찾아온
제 얼굴조차 낯설은 행인 혼자
분주하게 사진기의 셔터를 눌러대는 사이,
까마귀 한 마리 은행나무 꼭대기로
훨훨 날아오른다.

* 용문사 은행나무가 오랜 세월 전란 속에서도 불타지 않고 살아남은 나무라 하여 붙여진 이름임.

어머니를 문병하고

요양병원에 누워계신 어머니를 찾은 날,
손뼉 치며 나를 반기시는 당신.
어릴 적 배냇냄새 풍기며 내가 당신을 알아본다고
그렇게 아기처럼 좋아하시던,

금세 기억의 저편으로 건너가시는 어머니,
굳어버린 무표정이 안타까워 내가 서성거리면
희미한 안개 속으로 당신은 아직도 나를 찾고 계시리.
달빛조차 사위어가는 풍진 세월의 강 너머에서,

-중학교 다닐 무렵, 당신은 하루 종일 논밭을 헤매고 나서 밤늦게 귀가하는 나를 늘 마중 나오셨다. 천근만근이나 무거운 다리로 한 마장 넘게 걸어서 버스정류장으로. 내가 동무들 보기가 창피하다고 당신에게 버럭 화를 냈던 이튿날 밤, 버스에서 내려 동무들과 도란도란 집으로 돌아오는 둑길 중간쯤에서 그림자 하나 소리 없이 따라붙었다. 강둑 위로 뜬 보름달은 갑자기 구름 속에 숨고. 아, 당신에게 나는 과연 누구입니까.

어머니는 석삼년을 품안에 애지중지 안았다가

비로소 세상에 나를 내어놓으셨으나,
나는 당신을 세상에서 거두어들이는 데
단 하루도 함께 하지 못하느니,
앙상히 가죽만 달라붙은 당신의 얼굴에
내 부끄러운 죄를 입 맞추고,

평생을 하루같이 나를 사랑하신 어머니,
나는 기약 없이 스치고 마는 바람처럼 당신을 이별한다.
병원 문 앞에 보름달만한 함박꽃이 피었다.

연꽃 · 1

뜨락에 후두둑 빗소리 들리고
앞산 수풀 사이로 마파람 불거든,
연꽃을 맞으러
두물머리 강변에 가자.

잎새에 떨어지는 빗물 한 방울마저
잠시도 머물기를 허락지 않는 너를 바라보며,
그리운 내 마음을 붙들지 못하는가.
아예 마음 가둘 곳 없어 기나긴 여름날을 흔들리는가.
사랑은 결코 한 데 머물 수 없는
너의 외로운 잎새처럼,

바람에 은은히 들려오는 한 점 꽃향기는
어디서 생겨나서 어디로 사라지는 것이랴.
강 건너 먼 언덕발치에서나 예감될 듯,
차라리 꽃송이 뚝뚝 떨어진 뒤에야 가까이 다가올 듯,
사랑은 이별 뒤에 더욱 무성해지는
너의 빛 고운 향기처럼,

〉

연꽃 같은 사랑,
강변에 산다.

연꽃 · 2

하늘에 한 점 빚지지 않은 진흙 속에서 몸을 얻고
거친 광야의 거칠 것 없는 바람에게 영혼을 받았으리.
지축을 흔드는 천둥소리에 아예 귀 막고
밤낮없이 지쳐 내린 장마비에도 표연히 곧추서서,
긴 여름날을 참고 기다린 간절한 염원으로
더 지극하지 못한 기도를 한탄하며 차라리,
숨 막히는 대지의 광기를 헤치고 단숨에 꽃을 피워
불붙는 태양 아래 소신공양하였나니,
마침내 꺼지지 않는 불꽃으로 남은
사랑, 고결高潔하다.

하지감자

두메산골 순박한 새악시 볼이나 닮은 듯한
갓 쪄낸 탱글탱글한 알감자.

실크처럼 고운 껍질 속에 뽀얗게 드러나는
보드라운 윤기가 위태롭구나.

가만히 속을 열어놓으면 모락모락 피어나는
고소한 풋내음이 두근거리고,

천지의 기운이 감응하듯 스르르 입속에 녹아
감치는 맛 오묘히도 담백하여라.

화려한 여름햇살이 너를 애타게 연모했으나
끝내 못 이룬 꿈의 하지夏至여.

노동의 가치

섬섬옥수 여린 손으로 한 시간을 꼬박 쪼그려 앉아
봉제 인형 수십 개를 겨우 만들고서야
황송하게 받게 되는 최저임금 오천 원.
커피 한 잔 홀짝거리고 나면 그만인,

가난한 농군부부 여름 한철을 애지중지 가꾸어낸
알토란같은 옥수수 서른 개를 시장에 들고나가
사정사정 팔고나면 손에 쥐는 단돈 만 원.
한 끼니 국밥으로 허기를 채우기도 부족한,

함민복 시인이 며칠 밤을 하얗게 새워
끙끙대고 지은 시 한편을 출판사에 넘기고
몇 달을 기다려 송금 받는 고료 삼만 원.
안주 한 접시에 탁배기 한 잔이나 걸칠만한,

한낱 비루한 노동이여,
나는 문득 '긍정적인 밥'[*]을 차마 삼키지 못하나,
그래도 꿀 한 방울 모으기 위해
팔천 송이 꽃을 찾는 꿀벌의 수고로움에서랴.

금세 목젖이 뜨거워지는
거룩한 노동의 축복이여.

* 함민복 시인이 지은 '긍정적인 밥'이란 제목의 시에서 인용.

꽃밭에서

아픈 까닭이야 진즉에 알 수 없고
언제 어디로 떠날지도 모르는,
상처 때문에 아플 때면
꽃밭으로 가자.

상처는 아픔 보다 차라리 외로움일까.
아무리 마음을 풀치고 다잡아도
상처 때문에 외로울 때면
꽃들을 바라보자.

바람의 유혹에 수없이 흔들릴수록
화려함을 다투어 치장할수록
꽃들은 시나브로 아프고 외로울까.

거목巨木들조차 숨막힐 듯 몸부림치는
뜨거운 지열을 몸에 붙인 채
긴 여름날을 꼿꼿이 견디다가,
끝내 향일向日의 꿈 거두고
순전히 상처들로만 고운 꽃망울 터트리는

꽃송이 하나 가슴으로 쓸어안자.
상처 때문에 눈물이 나면,

옥수수 사랑

강원도 산골에서 목사님이 손수지어 부쳐주신 햇옥수수,
푸른 옷 둘둘 감치고서 순진한 웃음소리 고스란히 실려왔네.
조랑조랑 씨알들은 당신 앞에 둘러앉은 가난한 영혼들인가.
수염 한 올 한 올마다 자양을 주듯 사랑의 샘물 면면하리니,
보드라운 찰기처럼 가슴 부푼 꿈들이 끈끈히도 맺혔구나.
당신의 기도는 오늘도 가장 낮은 곳에서 가장 맑게 울리고,
이렇게 순박하게 자라서만 넉넉한 맛을 내는 옥수수 같은,

배려

할미산*으로 나란히 걸어가는
오후 산책길.

할매는 길섶에 수다 떠는
온갖 꽃들 참견하며 아직 쌩쌩하신데,

할배는 벌써
할미꽃처럼 늘어지셨다.

할매가 뒤돌아보며,
영감, 쪼깐 힘든디 여그 쉬었다 가유.

너울너울 앞장섰던 호랑나비가
맨 먼저 바위에 걸터앉는다.

* 서울 강남에 있는 대모산의 옛 이름.

제3부 가을

낙화落花

이제 지는 꽃을 바라볼 때이다.

만개滿開의 떨림도 속절없이
뚝뚝 떨어지는 꽃잎,
그 아픈 눈물은 내가 키운 상처 때문일지 몰라
애써 눈감고 외면했던 연민을 연민하고,
붉은 꽃향기 버리고
고운 자태 내려놓는 처연한 생애 앞에서
애태우며 갈망하던 것들,
일순 체념하고 돌아서는 내게
꺾어진 꽃대궁 사이로 비친 푸른 하늘은
눈부신 사랑의 깊이를 아낌없이 보여주었다.

이제 지는 꽃을 사랑할 때이다.

꽃씨 단상斷想

수많은 차가운 밤을 홀로 지새우며
안으로만 참고 기다려온
사랑은 촛불처럼,
제 몸을 태워 끝내 사위고 마는
숨죽인 유혹으로 다가와
한 점 어둠까지 남김없이 떨쳐내고,
아침햇살 무성하게 내려앉은 자리에
눈이 부시게 고운 꽃을 피웠습니다.

그러나 꽃은 이내 시들고
서산에 지는 해가 하늘을 가장 붉게 물들이듯,
사랑은 이별 때문에
더 간절히 빛나는 줄 아는 까닭에,
온갖 새들이 장마비에 젖어 흐느껴 우는 날에도
꽃잎 뚝뚝 떨군 채로
서러운 눈물 절대 흘리지 않았습니다.

다시 꽃자리엔 아픈 상처 아물고
사위가 고요해진 새날을 맞아,

사랑은 죽음에 맞서는 일임을,
사랑 때문에 모든 삶이 영원을 꿈꾸는 것임을
증명이나 하려는 듯,
인고의 껍질 단단히 둘러진 깨알마다
신비한 생명의 비밀을 고스란히 담아,
신의 찬미 곱게 수놓은 길 위에
아낌없이 꽃씨를 쏟아 놓았습니다.

산처럼

산울림 속에 들려오는
호연浩然한 기상.

상처입고 쓰러진 꽃자리마다
새싹은 다시 돋고,

온몸을 물길로 내어준 바위,
한 옴큼의 햇살을 서로 맞댄 나무들.

높은 푸르름과 깊은 고요함으로
늘 그대로 있는,

산처럼.

선암사仙岩寺 가는 길

선암사로 가는 숲길,
아늑하고 고즈넉한 품속으로
나만큼 늙으신 아버지가 유년의 나를 데불고 간다.
절집을 지키는 누운 소나무 옆에서
오늘은 꼭 넋이라도 뵈울 것 같은 내 아버지.
죄스럽게 불민하고 우매한 자식임에도
그 자식 사랑이 곧 신앙이었고,
그 자식을 위한 희생이 최고선이었던
지극하신 생애여.
사무치는 그리움에 마음 아득해져 걷는데,
어디서 날아온 나비 한 마리가
내 모자에 붙어앉아 동행하잔다.
그대로 한참을 걸어가다가
승선교昇仙橋 다리 위에 멈칫 사진 포즈를 취하니,
모자 위에 나비가 날개 펴고 정좌한다.
태고적 인간에게 영혼을 불어넣어준 나비여,
나는 대웅전 앞 석탑 위에 나비모자를 모셔놓고
고개 숙여 합장하였다.
선암사가 극락이었다.

휴대폰 때문에

산길을 쫓기듯 걸어가다가
땀 흘린 휴대폰이 갑자기 먹통 되자,
주인은 낯설은 산중에 홀로 되었다.

손가락으로만 휘넓은 세상을 통하며
끊임없이 갈망하고 늘 부족해서 안달하던
그는 한참이나 어둠 속에 막막하였으나,

접속 끊긴 마음이 점점 느긋해지고
검색 막힌 생각은 오히려 깊어지더니만,
고립孤立된 자의 고적孤寂함이여.

그리움과 설레임이 번갈아 반짝대고
상상의 나래들도 눈부시게 나풀거리며,
마음으로 통하는 세상은 얼마나 광활한가.

휴대폰이 몸 소제를 받고
환한 불을 켜들고 주인을 찾아온 날,
그는 차라리 발견이 두려운 실종자였다.

안개 낀 산정山頂에서

안개 낀 산정에 오르면
고요 속에 잠든 숲을 헤치고
그리운 그대가 올 것만 같은,
보일 듯 말 듯
안개에 젖은 환영이
나를 사로잡는가.

어둠 속을 헤매며
진실을 좇는 지친 호흡들아,
새벽도 밝기 전에
높은 장벽들이 둘러치고
우리 몸은 피폐했나니,
알 듯 모를 듯
농몽하게 꿈꾸는 자만이
평화롭지 아니한가.

보일 듯 말 듯,
알 듯 모를 듯,
그렇게 한세상 머물고 흘러가는가.

어떤 기적

대모산 봉우리 큰 바위가 기세부린 옆자리에
누군가 금송화 몇 그루를 옮겨 심었네.
숨이 차올라 허우적대다 우연히 너를 만나고
일순 마음이 반짝해지는 황홀경.

울안에 널브러진 채 외로운 꽃이었으나,
옹색한 마루턱에 뀐을 붙여 세상과 나누는가.
가슴속 맺힌 멍울쯤이야 구름처럼 헤치우고
어깨마다 걸친 시름들을 바람에 흩날리며
수만 송이 환한 웃음꽃으로 봉실봉실 피어나는,
네 모습이 정녕 기적이었네.

산 아래 허울 좋은 도시는 무심한 잿빛인데,
한낱 정성이 찬연히 빛나고 있네.

의자

한 시름이 머물다 갔다.
또 한 시름이 머물다 갔다.
시름이 시름을 부르듯이,

한갓될수록 무겁고
무거울수록 한갓된 시름들,
흔적 없이 모두 지나갔다.

동그마니 홀로 남은 숲속 의자위에
달그림자 살며시 내려앉아
마저 또 머물다가는,

숨소리

대모산 불국사로
낯선 스님을 뒤쫓아가는
숨찬 고갯길에서,

아이의 달뜬 손에 붙들린
호랑나비 한 마리가
꽉 막힌 새장에 갇혀 파드닥
숨을 할딱거린다.
나의 오만한 숨소리가
저만큼보다 더 무거우랴.
세상은 숨 쉬는 모든 것들과 더불어
무유등등無有等等하였다.

아이를 겨우 달래어
나비를 훠어이 날려보내고,
가파른 고개마루 내쳐올라
가쁜 숨을 몰아쉰다.
목숨, 목으로 숨이 통할 수 있는
가없는 축복이여.

삶은 제 몸의 숨소리를 들으며
두 손 모아야 하는 것이었다.

가을 추억

왕지평 넓은 들은
하루 종일 부산하였다.

새벽 논두길 서둘러 나선
아버지 발걸음 소리에
벼이삭들 일제히 잠을 깨고,
새참꺼리 머리에 얹은
어머니 등 뒤를 좇아
메뚜기 떼 줄지어 날아간다.
뿌린 대로 거두는 재주뿐인 농군들이사
뭉게구름 피고지는 사연을 알까마는,
못 배울수록 세상에 부끄러울 것 없고
힘없을수록 육자배기 가락은 암팡지렸다.
늙은 소와 꼴 베던 초동만이
언덕위에 나란히 앉아 강바람을 맞다가,
몇 번인가 목쉰 기적소리 지나가면
어느새 해 저물 녘.

머언 내 유년의 들판에는 지금도
순박한 곡식들이 옹골지게 여물 것이다.

구천동 계곡길

어디서 한 점 고요로부터 발원하는 지
알 수 없는,

주체할 수 없이 날쌘 기세로 여울지며
휘몰려오는,

그칠 줄 모르고 가도 가도 끝없는 곳으로
울어 예는,

저 물소리는,
나의 그리움은,

모든 상처엔 뿌리가 있다

모든 상처엔 뿌리가 있다.
눈 가린 채 소리죽여 뻗어가는 칡넌출 같은,
어느 새부턴가 우리 마을엔 바람길이 막히고
앞산의 당당했던 나무들도 하나 둘씩 시들어갔다.
어쩌면 그 상처의 뿌리일지도 모르는
콘크리트 성채가 우뚝하게 위엄을 세운 자리마다
화려한 불빛이 밤새도록 홍청거리다가,
더 바랄 것 없는 풍요의 마을 어귀로
눈부신 가을이 찾아오는 이른 아침에
지쳐 울던 또한 생이 파산破產하였다.
아픈 몸 아프지 않을 만큼* 일하고
마른 눈물 마르지 않도록 기도하였는데,
진실로 부끄러운 죄라곤
허망한 욕심 진즉 떨치지 못한 몽매뿐이었으리.
세상은 그를 면책했을지라도
아무도 그의 실패를 희생으로 셈하지 않는가?
안타까이 결실하지 못하는 가을을
차마 연민할 수 없는 내가
바로 그 상처의 뿌리일지 몰라

문득 휘청거리는,

* 김수영 시인의 시구에서 인용함.

보름달 · 1

코흘리개 적 꿈인가 생신가도 이젠 어렴풋하지요.
거울 같은 보름달이 손에 잡힐 듯 유혹하여
한달음에 혼자 재를 넘고 들녘을 지나
낯선 길을 헤매며 쫓아가던 어스름 밤,
강둑 너머로 눈앞에 바짝 어른거리더니만
내달릴수록 멀어져가는 달을 도저히 잡을 수 없어
체념하고 돌아서는 발걸음 너무 무거웠지요.
창망한 하늘을 높이 나는 기러기 떼 야속하기에
안타까운 마음 달래며 초가집 사립문을 들어서는데,
보름달이 뒤란의 미루나무 가지에 앉아 있었지요.
동화 속에나 뜰 것 같은 엄청 크고 둥근 달이
보란 듯이 집 마당을 환히 비추이면서,
그날 밤 꿈속에서 그 달을 품에 안았던가 또 놓쳤던가.

환력還曆의 세월이 흐르고 난 뒤에야 비로소 알았지요.
그날 밤 꿈속에 비추던 보름달이
그 달처럼 평생을 쫓던 나의 꿈이란 것을.

보름달 · 2

달하
휘영청 밝은 달하
너는 중천에 홀로 높이 뜬 채
뽀얀 맨살을 밖으로 죄다 드러냈구나
우린 제각기 가슴속에 칼 하나씩 몰래 품고서
수없는 적들을 향해 분노와 증오만을 벼리고 있으나
상처를 주되 스스로 더 아픈 상처를 입고 마는 칼의 노래여
생명의 강을 흐르는 고통의 눈물이야 어디엔들 닿지 않으랴
부끄럼을 떨친 순백한 네 손길로 어둠을 어루만지면
저 낮고 후미진 골짜기부터 이 세상은 환해지고
죄 많은 목숨들이 고마운 은사를 받아
한 보름새 취하여 덩실거리는
그윽이 높은 달하
달하

술을 권하며

그대여, 술 한 잔 드세요.
행여 짜릿한 입술의 감촉을 재촉하진 마세요.

목마름에 타는 성숙成熟의 고통을 견디고
오랜 숙성熟成의 침묵 속에서
신비한 향기와 미감을 허락하였나니,
술은 오직 기다림을 빚었으리.

그대여, 또 한 잔 드세요.
막 상기되거든 아련한 사랑의 축복을 기억하세요.

무던히 참아내고
간절한 기도와 아낌없는 희생으로만
온전히 한몸 되고 영혼의 교합交合을 이루었나니,
우리의 사랑도 언제나 기다림이었으리.

그대여, 마저 한 잔 드세요.
그리고 지그시 눈 감고 마음의 돛배를 띄워보세요.

〉

고단함조차 감사한 이 짧은 생과
신이 부르면 달려갈 저 높은 천국도
경계 없는 한 세상이요,
사무치도록 설레는 사랑과 아픈 이별도
마침내 영원으로 귀일歸一하리니,

그대여, 이제 마지막 술잔을 비우고
먼 바다의 등대처럼 기다림에 잔잔히 취해보세요.

메밀밭에서

천하의 화가도 붓을 놓고야 말
고즈넉이 적멸하는 광채 앞에
누구라도 그림 한 장쯤 그려낼 듯한,

거친 바람이 재 넘어오면
야윈 몸 서로 부둥켜안고
한마당 굿인 양 군무를 출렁일 듯한,

별빛 쏟아지는 차가운 밤엔
외로운 영혼끼리 어우러져
휑한 들에 대합창이 메아리칠 듯한,

고향의 언덕배기 풋내음 속에선
영영 못 잊고 가슴 뛰던
옛사랑의 시라도 언뜻 마주칠 듯한,

아름다운 빛들

한바탕 소낙비 쏟아진 뒤 하늘을 수놓은 무지갯빛

어둔 밤 지새운 이슬방울에 영롱하게 비치는 아침햇빛

긴 겨울바람 속을 뚫고 들녘에 너울거리는 아지랑이 봄빛

모진 세월 한생을 욕심 없이 견뎌내야만 얻게 되는 황혼의 눈빛

가을 숲에서

날마다 다투어 크는 나무들
울울창창한 숲속에 신이 없다면,
손바닥만큼의 햇살이 내려준 축복과
한 줄기 실바람으로 맞는 우연한 행운에도
작고 못 생긴 나무가 더 푸르러질 리야.

차마 떨칠 수 없는 고통의 두려움으로
겨울을 맞는 숲속에 신이 없다면,
세상의 모든 이별과 고난들이
영원한 사랑과 구원을 위한
아주 잠깐의 시련임을 받아들이고서
저 높은 곳에 쓸쓸한 나무들부터 곱게 단풍들 리야.

그저 분별없는 욕심으로 속절없이 나이만 키운
무지렁이 같은 내 곁에 신이 없다면,
내가 이처럼 명예로울 리야.

희망은

부스스 단잠을 깨우면 침대위에 살포시 앉는 새의 울음소리와 금세 손아귀에 잡힐 듯한 풀꽃의 향기 속에서 다가온다.

눈 비빈 채로 그대의 이마를 향한 가벼운 키스와 여전히 늘 수줍은 목소리의 작은 속삭임이 마주치며 맞는 것이다.

밤새 뒤척인 신기루의 꿈을 버리고, 머리맡에 쌓인 탄식의 눈물도 떨쳐내고서야 잔잔한 설레임으로 부풀어간다.

어둠 속에 숨겨진 보물처럼 애써 찾아내는 것이 아니라, 창틈새로 빼꼼히 스며드는 햇살처럼 절로 얻어지는 것이다.

날마다 밝아오는 새아침의 무궁한 선물 같은,

단풍 드는 날

무구한 하늘에서 쏟아지는
맑은 햇살의 춤사위를 바라보고
아롱아롱 넋을 잃은 채,

순한 들꽃들이 바람결에 실려 보낸
은은한 향기에 온몸이 젖어
진종일 살랑이다가,

별밭까지 닿을 듯한 풀벌레 소리와
어우러진 정령들의 아우성을 들으며
그리움에 녹진하도록 긴 밤을 새우고 나면,

어느 나무인들 잎새마다 붉게 타지 않으리.
누구의 마음엔들 고운 단풍이 물들지 않으리.

강물

굽이굽이 거친 계곡을 요란하게 휘돌더니
여울에 수없이 부딪고서 잔잔해져 내려가네.
강물이 낮은 곳으로 말없이 향하는 까닭은,
제 몸 낮추고 목소리마저 사려야
인연은 비로소 빛을 내는 것.

무심한 햇살을 데불고 수백리길 흘러가며
멀리서 바람 부는 기척에도 너울거리네.
강물이 지쳐도 쉬임없이 물결치는 까닭은,
사무친 그리움에 미치도록 흔들려야
인연은 마침내 모질어지는 것.

교감交感

봄을 유혹하는 은밀한 별 아래
농익은 눈길 마주치며
한꺼번에 흐드러지는
꽃과 꽃들의,

맨몸의 열기를 감추고
숨죽인 채 푸르러지다가,
시샘하는 바람에 달뜬 마음을 들켜
끝내 붉게 물들고 마는
잎새와 잎새들의,

얼어붙은 대지 속에
지친 영혼을 서로 끌어안고
목숨 같은 사랑을 목숨 바쳐 찬미하는
뿌리와 뿌리들의,

고샅길에 비켜선 늙은 산딸나무 한 그루,
갈수록 거룩해지는
황홀한 교감.

시詩

말(言)이
절(寺) 안에 깃들었으니,

침묵으로 깨우치고,
염화拈華미소로 화답하고,
몸을 불살라 공양하듯이,

시詩는
제 몸속에 말을 가두어야 하는,

충무공忠武公

—난중일기의 UNESCO 세계기록유산 등재를 기념하여

1.

몰락한 역적 가문에서 애처롭게 태어나
찌든 가난으로 외갓집을 기대어 자라면서도,

마흔 일곱 기운 나이에 지휘관이 되기까지
미관말직으로 전국의 오지를 떠돌면서도,

사즉생死卽生으로 얻은 전공을 속신에게 빼앗기고
애지중지하던 전함과 수군까지 송두리째 잃고서도,

간교한 모함에 빠진 임금이 오해를 하여
자신을 파면하고 투옥하고 단칼에 죽이려드는데도,

울돌목 성난 파도에 묶인 낡은 배 13척으로
벌떼 같은 133척 대선단과 맞서야하는 때에도,

당신은 절망의 나라에서 희망의 빛을 보았습니다.
당신이 내 나라와 그 안의 창생들을 구하였습니다.

2.

군사들 잠든 새 화살 다듬고 선봉에서 활을 당기며
힘겹고 궂은일에 제 몸을 아끼지 않고,

세상사람들 비아냥대고 조정은 날마다 태평하여도
국난을 내다보며 묵묵히 거북선을 만들고,

7년이나 못 본 병든 아내의 위중한 기별을 받고도
애끓는 진중에서 사사로이 나서지 않고,

적군에게 고향집이 불타고 아들이 죽임을 당했는데도
피눈물 삼키며 다시 전장에 나아가고,

한 맺힌 노량바다에서 적의 화살을 맞고 쓰러진 채로
적들에게 제 죽음을 감추라고 경계하나니,

당신은 자신을 안으로 지키고 밖으로 죽였습니다.
당신이 있어 내 나라의 백성임이 자랑스럽습니다.

낙엽

마른 잎 하나 마저 놓아버렸습니다.
아픈 가지 끝이 한참을 허공 속에 떨었습니다.
떨어진 잎에 마지막 눈길을 거두고 나서야
빈 가지 사이로 맑은 하늘이 열리고,
어디에선가 실바람이 반기듯 불어 왔습니다.

친구의 빈소에서

가을비속에 황망히 떠난 친구를
마지막 작별하려고 쫓아와,
친구의 선한 웃음 아래
국화꽃 한 송이씩 올려놓고,
빈소의 꽃밭 옆에 둘러 모여
허둥대는 쇠잔한 얼굴들.
가슴마다 갑자기 서리가 내려앉았으나,

늙는다는 것은,
서리를 맞고 뚝뚝 떨어지는 꽃잎을 보며
삶의 유한有限이 문득 두려워도,
된서리 속에서조차 망울망울 피어날
국화꽃 신비를 기다리는 일이다.

꽃잎은 져도 꽃은 지지 않는다.

별

—흠모하는 金龍洙 선배님의 건강 회복을 기원하며

스스로 제 몸을 빛내어 밤하늘에 돋보이고자 함이 아니라
사위의 어둠을 밝히고 누군가를 반짝이게 하는 것이랴.

삼라의 만상이 얼어붙은 차가운 날이면 더 청청히 빛나고
가난하고 쓸쓸한 곳으로 더 가까이 절절하게 다가가는가.

섬광처럼 번뜩이는 예지와 심미의 형안을 드러내지 않고도
고요한 반짝임이 한결같이 은은하여 저절로 우러러지는,

명리의 바람을 좇아 호사한 달무리에 휩쓸리지 않았으되
천진한 웃음 따라 자유로운 영혼은 천길 창천을 누비어라.

마침내 함께 어울린 떨기마다 웅혼한 기상을 이루었나니
빛발 스러진 새벽이 오고서야 내 마음에 우뚝 솟은 별이여.

돌탑 옆에서

골백번 떨쳐내리라 다짐하고도
끝내 속절없이 키운 욕심들,
낱낱이 동여매 멍에를 삼고
가엾은 짐승처럼 걷는 산길에서
우직愚直히 서있는 너를 만났다.

돌들이 층층이 포개진 갈피 따라
넉넉한 간격을 쌓지 않았다면
너는 산등성이에 홀로 우람했을까.
돌틈으로 거친 골바람을 맞았을까.

너를 에워싸고 빼곡히 선 나무들,
머리 위로 무성하게 빛나는 별들,
새새마다 성근 자리가 없었으면
산울림이 해맑게 자라났을까.
밤하늘은 또 새도록 쟁쟁했을까.

제4부 겨울

겨울나무

온 잎을 떨군 채 나무들 산등성이에 서서
한겨울 삭풍을 맞고 있는 윙윙 소리,
나무가 한기에 떨며 우는 것이 아니라
온몸으로 추위를 쫓는 아우성이리.
그래서 장엄하다.

다시 여린 나뭇가지들마다 새싹이 돋고
아지랑이 속에 너울대는 쨍한 푸른 빛,
나무가 봄 햇살에 호사한 것이 아니라
겨우내 참아낸 아픔이 빚은 멍울빛이리.
그래서 찬란하다.

바위

바람 많고 응달진 곳
바위들에 기대어
수심愁心을 부리거니,
욕심을 비우거니,
숲속의 영혼들이 모두
안식하는 까닭은,
천년의 눈비에 젖고
만세의 바람에 흔들려도
늘 그 자리에 그대로 있는
한결같은 때문.

생명의 강 굽이굽이
재촉하여 흐르면서
새로움만 찾고
변신만을 꿈꾸어도,
내가 그대에게 진정
위로받은 까닭은,
온갖 허물을 보듬고
쇠잔함도 껴안아주며

늘 제자리에 변함이 없는
바위 같은 때문.

숲속에서

나무에 기대서서 나무가 되고저,
바위 위에 눌러앉아 바위가 되고저,
새소리에 귀 기울이며 새가 되고저,

사위四圍가 고요하다.
내 몸이 사라졌다.

뒤끝

허름한 외투 셋이 허접한 술집에서 술을 마신다.

뻣뻣하던 외투가 허겁지겁 취하여
반도 더 남은 술잔을 갑자기 뒤엎고 쓰러진다.
세상 치사하다 투덜거리지만 지가 더한 줄 모르고
언제나 뒤끝 없어지려나.

옆의 외투가 쓰러진 외투를 겨우 일으키고는
꼬깃꼬깃 서둘러 계산을 한 뒤,
툴툴대는 외투를 등에 업고 밖을 나선다.
저 인생 뒤끝도 참 좋으렷다.

남은 외투 혼자 아까운 술잔을 마저 비우고
비틀비틀 따라나서며 업힌 외투에게 침을 놓듯,
이 친구야, 곱게 살아야 곱게 가제.
술이 확 깰 것 같은, 뒤끝 작렬.

쌀 한 톨

아침 밥상에 앉아 쌀 한 톨을 바라본다.

쌀 한 톨이 밥심이 되고 오직 그 밥심으로 살아가는 것이야 어찌 모를까만,

쌀(米) 한 톨에 거쳐 간 여든여덟(八十八) 번 농부의 손길이 일군 정성의 덕은 물론이고,

쌀 한 톨을 만들어낸 햇빛, 물, 바람, 그리고 수많은 밤을 지켜준 별들까지, 무량한 자연의 덕을 까마득히 잊은 채로,

땀 흘려 일해 얻었으니 당연한 내 몫이라 여긴 쌀 한 톨이 정작 무구한 가난들이 눈물 삼킨 덕인 줄 아예 눈감았느니,

나는 오늘 그 누구에게 쌀 한 톨만 한 덕이라도 될 것인가?

눈사람

누군가 눈 위에 손가락으로 써놓고 갔다
성공은 땀과 눈물

눈사람이 옆에서 빙그레 웃고 있다
어찌 행운을 모르느냐

내 나무

대모산 중턱 능선길에 내 나무를 진즉 점찍어뒀다.
그저 그렇게 생긴 모습이 얼추 내 나이쯤 되었을 텐데,
겨우내 더 쌩쌩해진 나무에 지친 몸을 기울여 귀 대어본다.
친구, 쉬엄쉬엄 가게나, 허망하게 나이든 것 표내지 말고.
환갑 지나 은근히 조급해진 내 마음을 눈치 챘을까.
제 몸속에 나이테를 감춘 나무처럼 살 수만 있다면,

고마운 사랑

밤새 지독한 바람이
온 산을 할퀴고 지나갔다.

능선 위에 나란히 서 있는 두 나무가
진저리치며 서로를 바라본다.

네가 곁에서 바람막이 되어 용케 견뎠구나.
정말 고맙다.

너를 기댈 수 있어 한결 두렵지 않았단다.
내가 더 고맙다.

그저 제자리를 묵묵히 지키는 것이
가장 고마운 사랑이다.

겨울산행

겨울산을 오른다.
뼛속까지 시린 찬바람이 살을 에인다.
그 고통보다 더 예리하게 벼리어
내 몸에 각인하듯 혁혁한 시를 쓰려했으나,

무수한 상념들을 떨쳐내고도
발걸음만 헤며 걷는 길 따라 마음 산란하다.
구름 속 새어나온 햇볕에 반짝
무슨 기별 같은 떨림도 찾더니만,
이내 골바람이 무심하게 내 앞을 지나갔다.
뒤따르던 갈까마귀 소리 지칠 대로 지쳐가고,

무거운 몸 아예 주저앉힌 채
미욱한 꿈들을 얼르고 달래보는 것이나,
아무리 불러도 끝내 대답 없는 산울림을 쫓으며
아득히 먼 고개마루를 넋 놓고 바라보다가,
허옇게 서리꽃을 피운 몸 일으켜 돌아서는데
홀로 빈 가지 위에 몸부림치던 마른 잎새 하나,
눈부신 하강下降.

〉

시 한 줄이 내게로 왔다.*

* 파블로 네루다의 시구에서 인용.

새벽

어둠은 내게
오직 아픔이고 두려움일 뿐이었으나,

별빛마저 스러지고
진주이슬 총총해질 무렵
어둠은 고단한 세상을 떠난다.
그래도
못내 서러운 나를 다독거리다가,

밤새 뒤척대던 갈망과 한탄을 떨치고
미몽을 깨운 옷들을 추슬러 문밖을 나서면,
안개 거두고 쏟아지는 한 줄기 빛.

새벽이 약속처럼 온다.
한 고요 속에 맞는 설레임으로,
새벽은 축복처럼 견딜 수 없는,

지친 새 한 마리가
창망한 하늘을 날아오른다.

숲길에서

숲길을 걷는다. 저 나무들을 보라. 대지의 꿀을 빨아 온 가지 끝까지 뿜어올리는 저 거룩한 몸짓을 보라. 하늘의 푸른 빛을 향해 제각기 기도하는 만큼 자라며 더불어 갈수록 울창해지는 저 간절한 생명을 보라. 문득 나는 숲길에서 탐욕과 오만으로 병든 도시를 걱정하지만 정작 내 몸에 더 깊은 병은 눈감고 말았다. 저 나무들을 닮을 일이다. 제 빛으로만 온전히 푸르러지고 그 푸르름을 서로 다투고 뽐내지 않는 나무들처럼, 차라리 주릴지언정 세상명리 탐하지 말고 아무리 부끄러워도 내 무지함을 바로 알자. 오직 마음으로부터 비추이는 밝은 빛을 바라보고 마음속에 울리는 작고 나지막한 소리*를 들으며 홀로 걸어가자. 오오, 내 영혼의 빛과 양심의 소리여. 저 나무들에게 대단한 대오大悟를 얻었다고 우쭐대며 숲길을 걷는 나는 오늘 또 얼마나 탐욕하고 오만한가.

* 마하트마 간디의 어록에서 인용.

연탄 나눔

—서울 중계동 달동네에서 연탄배달 봉사를 마치고

고작 연탄 몇 장을 너무 큰 선물로 받아주어 고맙습니다.

당신의 가난에 숫제 눈감고 살아온 나만의 안락을 용서해주어 고맙습니다.

당신의 고단한 자리가 바로 내 아늑한 양지로부터 그늘져 있는 것을 보게 되어 고맙습니다.

함께 더불지 않고 서로 등 돌린 호사로움이 결코 행복할 수 없다고 믿게 되어 고맙습니다.

당신의 방을 덥히는 것은 정작 구들장의 온기가 아닌 우리들 마음의 교감임을 알게 되어 고맙습니다.

한낱 연탄 몇 장을 가슴 찡한 사랑으로 돌려주어 고맙습니다.

살아있다는 것

아내가 아침 커피를 내주며
가장 좋은 커피 맛을 묻고 또 대답한다.
살아있는 맛.

법정法頂스님이 생전에 법문을 하면서
인생의 가장 큰 행복을 이렇게 깨우치셨다.
살아있음을 느끼는 것.

겨울산이 살아있다.
칼바람에도 나무들 눈마다 버젓이 살아있고
얼어붙은 땅속에 온갖 풀과 벌레들이 쨍쨍 살아있다.
누구에게나 겨울산이 가장 아름다운 까닭은
그대로 살아있기 때문.

연탄 사랑

마지막 단번의 불꽃이 되고저
한 덩이 갈망으로 남아,
바람벽도 없는 판잣집 모퉁이에
숭숭 구멍 뚫린 가슴들 드러내놓고
옹기종기 붙어 앉은 어깨 너머로,
단칸방 손바닥만 한 아랫목에 잦아지는
고단한 기침소리의,
아무 죄 없이 살아오고도
끝없이 변방으로만 쫓겨나온,
그래도 하늘을 절대 원망하지 않는
서럽도록 순박한 생을 위하여,
차가운 밤이 칠흑같이 더 어두워지고
별빛마저 바람에 산산이 날리운 채
갈수록 눈발이 거칠어질지라도,
마침내 밝아올 새.벽을 기다리며
얼어붙은 몸을 화염속에 내던져
활활 불타는 눈물의 기도.

가난한 만큼 더 지극히 사랑하게 하소서.
사랑한 만큼 더 거룩하게 축복하소서.

눈 · 1

허덕거리는 주검들이 요요寥寥하게 누운 곳에조차
찬찬燦燦히 빛나는 생명의 기운.

욕심의 때 얼룩지고 상처투성이인 노구에도
천진스레 한껏 설레는 가슴.

세상에 나를 아는 모든 나와 나를 모르는 모든 나*에게
더도 덜도 아닌 눈꽃 핀 사랑.

밤샘기도 끝에 신이 내려준 기적의 선물일까?
금세 스러져도 결코 허상虛像은 아닌,

* 노동운동가 고 전태일 열사의 어록에서 인용.

눈 · 2

밤새 하얀 눈이 소복이 내렸습니다.
내가 그동안 차마 떨치지 못한 채
분노하고 증오했던 불꽃들마저 모두 덮어버리고,
행운이 내린 세상은 참 아름다워 보였습니다.

화려한 눈빛에 마음 빼겨 마냥 눈길을 걸었습니다.
그러나 한참을 못가서 그만 길을 잃고
한 마리 새조차 찾지 않는 빈들에 홀로 서성이다가,
내가 본 아름다움은 스쳐간 요행일 뿐이었습니다.

적막 속을 더듬으며 안타까운 발길을 돌렸습니다.
눈 속에 덮인 것들은 죄다 그대로이고
그것들과 더불지 않고는 아름다울 수 없는 세상이라서,
다행히도 가슴속 응어리진 피를 눈밭에 쏟았습니다.

이제 곧 쌓인 눈이 녹고 사라질 것을 예감합니다.
내 마음에도 분노와 증오의 불씨가 사위고 나면,
그리고 타다 남은 재까지 눈발처럼 날려 보낸 뒤에야,
비로소 세상은 천행으로 아름다운 것이었습니다.

눈 · 3

쓰러진 나뭇가지 위로
앙상한 나무 시린 밑둥 아래로
눈은 더 총총히 내린다.
울창한 가슴을 뻗친 힘센 나무들이라고
어찌 눈이 그립지 않을까만,
그러나 눈은 잠시도 소리 내지 않는다.
나무들 우는 소리를 차마 범할 수 없었을 것이나
조용히 제 몸의 흐느낌에 젖고도 싶었으리라.

바람 잦은 산능선 위에
으슥한 고개마루 그늘진 곳에
눈은 더 소복이 쌓인다.
산새들 모여 깃든 아늑한 골짜기에선들
어찌 눈을 붙들지 않을까만,
그러나 눈은 이내 자취 없이 사라진다.
따뜻하게 덥힌 대지의 입김으로 녹아내렸을 것이나
저 땅에도 위로받고 눈물마저 거뒀으리라.

자연의 속도

목포로 출장 가는 날 아침,
서울역 비좁은 지하도 바닥에
팔자 좋게 널브러진 노숙자들 때문에
가뜩이나 부산한 마음이 쫓겨
시속 300km로 달리는 KTX도 느리다고
투덜거리며 세 시간쯤 달린다.
낯선 도시를 또 허둥대다가
겨우 일을 마치고는 갑자기
노곤한 햇살에 마음이 풀려
몇 해 전인가 귀농한 친구를 불러낸 후,
세상사는 맛이 어떠냐고
농주 몇 사발로 불콰해진 얼굴을 들이대니,
유유히 물이 흐르듯
초목이 싹트고 자라서 열매를 맺듯
자연의 속도대로 살 뿐이란다.
와락 밀려드는 술기운에 쓰러져
파도소리 아스라히 꿈을 꾸다가,
누가 히말라야 언덕에서 보았다는 시속 10km 기차에
둥실대는 나의 몽환을 태운다.

한나절도 넘게 느릿느릿 들녘을 지나
고갯마루 지치면 내려서 걸어도 보고,
강바람 좋은 나루에선 질펀히 앉아 쉬기도 하고.
오직 내 몫만큼 벌고
그 몫으로만 살고 싶은,
남보다 더 바라지도 않고
부족해도 운수소관으로 믿을 뿐인,
사람 좋게 순박한 삶들이
역마다 역마다
올망졸망 오르내릴 때,
부딪는 대로 사투리 흉내 내어 농을 걸다가
한 사흘이나 걸려서 서울역에 도착하면,
아하, 내가 그새 자연의 속도를 엄청 추월했구나.
그래서 내 사랑이 그렇게 미욱했구나.
깨닫는 둥 마는 둥
이내 바쁜 종종 걸음.

가장 아름다운 산행

—TV 프로그램 '강연 100℃'에서 매일 산을 오르는 어느 시각장애인의 강연을 듣고

두 눈을 신에게 되돌려주고
죽음 같은 고통의 절벽에서 찾은
생명의 존귀함 때문에
오늘도 그는 산을 오른다.

돌부리에 넘어지고
나뭇가지에 부딪치며
눈물과 상처뿐인 고개를 넘고 또 넘고,
그는 스스로 장애를 받아들이면서도
끝내 장애자이기를 거부하였다.

드디어 정상에 서서 그가 외친다.
아, 경치 좋다.
눈을 가려 보이던 경치들 모두 사라졌지만
눈에 가려 보이지 않던 경치들 새로 나타났는가.
햇살, 바람, 소리, 향기……… 한량없다.

저 고행苦行의 산길보다
어느 삶이 순연純然히 더 아름다울 리야.
산마루에 무릎 꿇은 그가 산처럼 우뚝하다.

길

몸은 점점 더 아프지만
끝내 아프지 않고,
마음은 점점 더 흔들리다가
결국엔 흔들리지 않는,
오늘도 길 위에서 나는 헤맨다.
내가 내게로 찾아가는 길이
이 세상에 가장 멀고 험한 것이랴.
영원히 가닿을 수 없이
몸도 마음도
절멸하는,

배롱나무의 죽음을 애도함

선친의 산소를 향하는 목 메인 길목,
가람 선생의 수우재守愚齋* 앞에 서있던
늙은 배롱나무가 지난여름 태풍에 쓰러지셨다.
내 환력의 세월보다 몇 곱절 더 오래 살아온 듯한,
그러나 오로지 한결같았으므로 결코 길지 않았던
한줄기 섬광처럼 처연하게 빛나는 생애.
온갖 나무들 앞 다투어 신록을 내밀 때
속으로만 제 몸을 단련하였고,
모든 꽃들이 비바람에 시들고 폭염 속에 녹는데도
남김없이 죄다 꽃망울 터뜨렸으며,
더 많이 누리고자 탐욕하는 세상을 보란 듯이
스스로 껍질 벗고 몸을 비웠나니.
평생을 하루같이 한 침묵과 인내와 절제여,
겉으로 어리석음을 드러내 안으로 슬기를 지키려 함인가.
거룩한 삶을 버리고 가는 그를 붙들고
어찌 내가 차마 곡인들 할까마는,
오늘 성묫길에서 그의 휑한 자리를 보고 망연하였다.
부고조차 안한 것도 그의 뜻이었으리라.
한 줌 재마저 남기지 않은 것도 그의 바램이었으리라.

노구老軀 떠나신 빈 그루터기가 홀로 창연하다.

* 전북 익산에 있는 가람 李秉岐 선생의 생가 사랑채의 당호임. 슬기를 감추고 겉으로 어리석은 체 한다는 뜻을 지님.

얼굴

산에서 마주치는 얼굴들을 보면
미인과 박색이 따로 없고,
노인이나 청년이나 엇비슷하다.

산길을 걷는 사람들은
얼굴이 한결같이 다 고와 보인다.
맑고 향기로운 생각에 젖어서인지
부모로부터 받은 얼굴들은 제각각인데,
산에서는 모두 아름답게 닮는다.

산길을 걷는 사람들은
얼굴이 신기하게 나이를 떠난 듯하다.
시름을 놓고 마음 깊어진 때문인지
세월이 빚어낸 얼굴들은 제각각인데,
산에서는 모두 청춘처럼 닮는다.

산에서 주고받을 인사말은
미추노소美醜老小 가릴 것 없다.
딱 한 마디, 참 좋은 얼굴이세요.

겨울산

겨울산을 보아라.
산새들 모두 떠나고 꽃향기 잊은 지 이미 오래다.
골기만 남은 채 버려져 정령들조차 찾지 않아도
겨울산이 외롭다고 울지 않는다.
산그림자 한낮부터 기슭까지 내려와 앉고
쓰러진 나무들 밤새도록 어둠을 쫓고 있으나,
겨울산이 침묵에 지쳐 잠들지 않는다.

겨울산을 보아라.
비탈에 선 나무들도 죄다 뒤돌아 앉았다.
아물지 않은 상처 위에 눈은 계속 쌓이는데
겨울산은 가슴 시리도록 외롭고 싶다.
아무리 기다려도 오지 않는 새벽을 유혹하듯
요란한 골바람소리 아우성치며 지축을 흔들어도,
겨울산은 고요히 침묵하고만 싶다.

겨울산이 적막하다.
겨울산이 강고하다.

나무의 삶

도심 거리 매연을 온통 뒤집어쓴 채로
늘 해맑은 낯빛이다.

천길 벼랑 끝에 위태롭게 뿌리내리고
흔들림 없이 태연하다.

천둥이 울고 바람소리 요란한 산마루에서
고요 속으로 침묵한다.

횡한 동구 밖에 온종일 홀로 서있는데도
잎새들 마냥 반짝거린다.

저마다 태어난 운명의 낮은 자리에서
나무들 모두 높게 산다.

산정풍경山頂風景

천길 물속처럼 흔들리지 않을
하늘의 내밀한 마음을 애타게 연모하여,
산은 가식의 옷을 벗고
윤기 나는 알몸을 숨죽이듯 보여주었다.
격정의 바람이 분다.
황홀한 대낮.

모악산母岳山에서

모악산이여!
내 어머니의 산이여!

무진장 두메산골 에둘러 흘러온
금강 물줄기 지쳐 가는데
곰나루 진포항은 아득히 멀고,
징게맹갱 외에밋들 광활하지만
새만금 새터가 또 하늘을 여는가?

지평선 위로 뜬구름만 바라보며
오로지 천지간의 운수를 기대고
뿌린 대로 거두는 이치를 믿을 뿐,
순박한 가난들이 대대로 이어온 곳.

기름진 땅에 눈먼
까마귀들과 게다짝들의 탐욕에
숟가락 젓가락까지 수탈당하고,
서슬 퍼런 자리가 수십 번을 바뀌어도
늘 변방으로 내몰렸던

아프고 설운 한들이 모여 사는 곳.

진훤甄萱왕의 미륵나라도,
죽도선생의 대동大同세계도,
녹두장군의 개벽開闢세상도,
백성이 곧 하늘이고
그 하늘아래 만물이 평등함을 부르짖던
성난 깃발들 모두 칼날에 찢기우고,
상처투성이 몸뚱이마저 짓밟힌 채로도
언제나 뜨거운 혁명의 피가 솟구치던 곳.

제 모질고 신산辛酸한 생명들이
무수한 벽들 앞에 주저앉는,
몸부림과 아우성과 눈물들을 지켜보며
모악산이 오롯이 푸르른 까닭은,
지축地軸의 견고함만큼이나
결코 흔들리지 않는
우뚝 선 희망일리라.

〉

어머니가 불초한 나를 키우며
인고忍苦의 긴 어둠 속을 지나면서도,
간구해 온 꿈을 품에 안고
절대로 아니 눈물 흘리셨듯이,
모악산엔 희망이 굳센 정기精氣 되었으리.

희망을 노래하기에
아리랑가락 어우러져 거뜬히 고개를 넘었고,
희망을 믿기에
절절한 기도소리 깊은 골에 면면했으며,
희망을 전하려기에
금산사 종소리는 빼앗긴 들에도 쟁쟁하였으리.

모악에 사는 자여!
모악을 꿈꾸는 자여!

누구나 희망을 가진다는 것은
나를 지켜냄이요,

서로를 사랑함이요,
온 누리에 찬란한 새 빛이리니.

오오, 모악산이여!
생명의 시원始原처럼
오늘도 영원을 사는,
위대한 어머니의 산이여!

하산기下山記

산, 네 앞에 떨리는 가슴으로 서서
세상을 덮을 만큼의 기개氣概와,
세상을 흔들고 싶은 혁명의 꿈과,
세상에 한 점 부끄럼이 없으리라던 맹세의 노래로
내 마음도 온통 푸르렀으나,

산, 네 아늑한 품에 안긴 채로 수없이 흔들리다가
온몸을 사르는 갈증과 허기에 지쳐
탄식의 눈물 마저 거둔 뒤에야,
아픈 몸 일으켜 산마루에 서면,

거친 땅에 여린 몸 붙이고 누운 풀잎이
죽음의 칼바람을 꼿꼿이 견디고,
마지막 치부恥部까지 벌거벗은 나무들마다
영롱하게 빛나는 상고대를 피웠는가.
절로 아득해진 마음 가눌 길 없어
먼 산봉우리에 떠가는 쪽구름 바라보며,
산그림자 따라 내려오는
표표飄飄한 산길.

〉
문득 내 앞을 턱 가로막고서
어둠뿐인 집으로 느릿느릿 줄지어가는 개미 떼와,
빈 하늘로 날쌔게 차오르는 텃새 한 마리의
창망한 궤적을 뒤쫓다가,
차마 떨치지 못한 미련 때문에
설레다가 말다가,
그립다가 말다가,

산, 지친 걸음 총총히 너의 품을 나설 때
휑한 내 가슴 속에도 된바람 소리 윙윙 들려온다만,
이젠 아무도 절대 미워하지 않고
오직 누군가를 간절히 사랑해야 할 까닭으로,
눈부시게 고운 적막을 맞는 산기슭에
어스름 땅거미가 서둘러 내려앉을지라도
노을빛 활활 타오르듯 황홀하게 나홀로 물들어가는,

옥룡설산玉龍雪山을 보며

한 점 때 묻지 않은
생명의 시원始原
만겁萬劫의 세월 지나
메마른 땅에
찬연히 빛나다.
환상幻像처럼 다가온
웅혼한 자태 앞에서
비로소
하늘의 문이 열리는
가슴 벅찬 환열歡悅.
떨리는 마음 추스르고
아득히 뒤돌아본
고개 굽이굽이마다
회한悔恨의 바람 긋지 않고
차마 부끄러운 몸은
갈수록 지쳐가지만,
천길 단애斷崖에 매달려
한 송이 꽃이 피듯
눈 먼 기도가

신앙이 되고
거친 애욕愛慾에도
사랑 눈부시다.
이제 하늘을 우러르고
시퍼런 한기 속에도
정정亭亭히 서서
어둠의 고요를 맞는
푸른 나무들처럼,
한갓된 삶일망정
남김없이 사르고
황홀하게 적멸寂滅할 뿐,
설산처럼 숭엄崇嚴한
내 안의 신비.

연아의 춤

—김연아 선수의 소치 올림픽 피겨 경기를 보고

애잔한 선율이 흐르고
우수 띤 작은 얼굴에서
장엄한 춤은 시작되었다.

여린 손가락 끝부터
칼날 세운 발끝까지
온몸이 섬광을 뿜으며
얼음 위를 춤추었다.

얼어붙은 광야를 가르는
삭풍같이 굳세고,
그 바람에 몸을 맡긴
눈송이같이 부드러운,
그리고 흰 눈밭 위에 쏟아지는
별빛같이 지순至純한,
춤의 요정은 눈부셨다.

몽환에 젖은
얼음궁전을 호위하며

학처럼 날고,
눈표범처럼 쫓고,
어릿광대처럼 흔들거리는,
춤은 황홀한 마법魔法이 되었다.

어디선가 징이 울리고
고단하게 지친 영혼마다
차라리 병들고 한 맺힌 것보다
더 아픈 고통들,
부질없는 미움이 할퀸 상처들,
차례로 유혹되어
둥실둥실 춤추었다.

신명나게 어우러진 춤사위,
어느새
언 강이 풀리듯,
마른 산이 푸르러지듯,
구원久遠의 봄은 찾아오는가.

〉

가슴 벅찬 환희 속에
고동치는 심장처럼
한 극점極點을 이루어,
솟구치고,
맴돌고,
질주하다가,
끝내 숨이 멎어버린 절정에서
쏟아놓은 맑은 눈물방울,
이 세상에 가장 슬픈 허무虛無이었다.

낙타의 눈

극한極寒의 칼바람이 살을 에는
처절하리만치 서러운 초원의 밤을
주검 같은 침묵으로 홀로 지새며,
끝내 밤하늘에 별빛조차 모두 스러졌어도
네 눈에는 푸른 광채가 형형炯炯히 빛나고나.

숨 막히는 태양의 광기狂氣속에
날 선 죽음의 유혹마저 견디면서,
모래바람뿐인 끝없는 사막을 한 걸음으로
물 한 모금 못 마신 채 건너왔어도
네 눈에는 맑은 눈물이 촉촉이 비치고나.

짐짓 방울소리 울리지 않는 낙타여.
영락없이 나처럼 인고와 겸손을 치장하고
순량한 네 등허리에 올라 고삐 잡은 손들,
수만리길 서방정토의 극락을 헤매어간다만
부처는 정작 네 눈 속에 시퍼러니 살아있고나.

마무리시

환력기도還曆祈禱

삶과 죽음,
시작과 끝,
영원과 절멸絶滅.

허튼 분별을 짓고
하염없이 흔들렸으나,

양망兩忘,
비로소 하늘이 허락해줄
자유여!